फ़ासले

वक़्त से पहले...

अतुल प्रभाकर

XpressPublishing
An imprint of Notion Press

XpressPublishing
An imprint of Notion Press

Old No. 38, New No. 6
McNichols Road, Chetpet
Chennai - 600 031

Copyright © Atul Prabhakar
All Rights Reserved.

ISBN 978-1-64899-124-0

This book has been published with all efforts taken to make the material error-free after the consent of the author. However, the author and the publisher do not assume and hereby disclaim any liability to any party for any loss, damage, or disruption caused by errors or omissions, whether such errors or omissions result from negligence, accident, or any other cause.

While every effort has been made to avoid any mistake or omission, this publication is being sold on the condition and understanding that neither the author nor the publishers or printers would be liable in any manner to any person by reason of any mistake or omission in this publication or for any action taken or omitted to be taken or advice rendered or accepted on the basis of this work. For any defect in printing or binding the publishers will be liable only to replace the defective copy by another copy of this work then available.

समर्पण

ये पुस्तक के लिए मैं सबसे पहले डॉक्टरों और पुलिस कर्मियों को धन्यवाद कहना चाहूँगा जिनके वजह से आज मैं ये कविता को एक आकर दे पाया हूँ।
मैं हर वो इंसान को धन्यवाद कहूँगा जो इस महामारी में अपने आप को अथवा अपने परिवार और अपने परिजनों को सुरक्षित रखे हुए है।
मेरी नर्मनिवदेन है,आप घर पर रहे और स्वास्थ्य रहे ताकि कल एक उज्ज्वल भविष्य को आकार दे सके।

क्रम-सूची

भूमिका	vii
1. एक अजनबी	1
2. इंतजार	3
3. अनकहीं बातें	5
4. रिश्ते	7
5. काम	8
6. मोहहबत	10
7. वक़्त	12
8. एक दिन	14
9. यादें	16
10. सवाल	18
11. तस्वीर	20
12. सलामती	22
13. जन्मदिन	24
14. ख्याल	26
15. अकेले	28
16. अस्पताल	30
17. आधा महीना	32
18. तकलीफ	34
19. शहर	36
20. फैसला	38
21. अलविदा	40

भूमिका

इस पुस्तक की सारी कविताएँ ख़ुद हालातों को सामने देख कर लिखी गयी है। इस कविता के कुछ पात्र काल्पनिक है अथवा किसी भी शख्स से जीवन या मृत्यु से संयोग नहीं रखते है। इस पुस्तक में मेरे कुछ दोस्तों ने बहुत साथ दिया, उनके बिना साथ के ये पुस्तक इतनी जल्दी नही समाप्त हो पाती।इस पुस्तक को लिखने का मेरा तात्पर्य आज की अवस्था है जो लोग समझते नही है, इसलिए मैंने अपने दिल से निकली सारी बाते लिखी है जो हर मोहहबत करने वालो को समझनी चाहिए। ये कविता हर वो प्यार करने वालो के लिए जो उसे किसी कारण से एक दूसरे के साथ ना हो सके है। इस कविता को एक उपस्थित अवस्था मे लिखने का मेरा यही तात्पर्य है।

मैं अपने घर वालों को भी इसके लिए तहे दिल से शुक्रियादा करूँगा और अपने साथियों अपने दोस्तों का भी धन्यवाद।

1. एक अजनबी

एक अजनबी से मेरी मुलाकात हुई है,
न जाने कितने मुश्किलों के बाद बात हुई है,
वो लम्हा था जिस वक़्त मैंने देखा तुम्हे,
मेरे बात शुरू करते ही तुमने बात करी है,
एक अजनबी से मेरी मुलाकात हुई है,
न जाने कैसे कैसे उससे बात हुई है।

इतनी बात तो नही हुई है उस से,
पर बाते बहुत अच्छी करती है,
आवाज तो सुनी नही आजतक,
पर बाते बहुत सारी करती है,
एक अजनबी से मेरी मुलाकात हुई है,
न जाने कैसे कैसे उससे बात हुई है।

एक पूरी रात बीता दी मैंने,
उस शख्स के अल्फ़ाज़ों में,
ये रात ढल गयी देखते देखते उसकी बातों में,
मैने भी इंतजार में सुबह देख लिया,
जो कभी हुआ नही था ये लम्हा भी जी लिया,
एक अजनबी से मेरी मुलाकात हुई है,
न जाने कैसे कैसे उससे बात हुई है।

फ़ासले

कुछ नादानियाँ कुछ इधर उधर की बाते,
ये सारी बातें किसी न किसी बात से हमारे मिलते जाते,
तुमने भी कुछ कहा और मैंने भी कुछ कहा,
पर ये लम्हा गुजर गया और मुझे सो जाने को कहा,
बात सच है एक अजनबी से मेरी मुलाकात हुई है,
और न जाने कैसे कैसे उससे बात हुई है

2. इंतजार

उस शख्स के इंतजार में रात बीत जाती है,
मैं करवट बदलता रहता हूँ दिन शुरू हो जाती है,
आजकल तो रात को ही लिखना शुरू कर दिया है,
उस अजनबी से बात करने में रात जो ढल जाती है,
आखिर उस अजनबी से मुलाकात हुई है मेरी,
न जाने कितनी मुश्किल से बात हुई है मेरी।

उठकर इतंजार तो रहता है ,
कुछ भी बात हो ये ख़्याल तो रहता है,
कुछ बुरी आदते है मुझमे भी क्या कहूँ,
बात बात पर लिखने लगता हूँ क्या करूँ,
आखिर उस अजनबी से मुलाकात हुई है मेरी,
न जाने कितनी मुश्किल से बात हुई है मेरी।

फ़ासले

उसके चहरे पर एक मासूमियत दिखती है,
आँखों मे एक चमक दिखती है मुझे,
मालूम चला पेशे से वो डॉक्टर है ,
इंसानो का ध्यान बहुत रखती है,
आखिर उस अजनबी से मुलाकात हुई है मेरी,
न जाने कितनी मुश्किल से बात हुई है मेरी।

3. अनकहीं बातें

उस शख्स ने कहा आखिर तुम इतना क्यों सोचते हो,
मैं ऐसी ही हूँ अब और कितनी बार कहूँ,
मान लिया मैंने भी उसकी बात को तब,
फिर जाकर नींद आयी है चैन से उस वक़्त,
उस अजनबी से मेरी मुलाकात हुई है,
न जाने कितने मुश्किल के बाद उससे बात हुई है।

उसने यकीन किया है मुझपे ये जानता हूँ मैं,
उसकी आंखों की चमक को पहचानता हूँ मैं,
लफ्ज़ अधूरे अच्छे नही लगते उसे,
इसलिए हर बात पर उसकी बात मानता हूं मैं,
उस अजनबी से मेरी मुलाकात हुई है,
न जाने कितने मुश्किल के बाद उससे बात हुई है।

फ़ासले

एक और रात बीत गयी उसके साथ में,
सुबह की किरण देख कर सोने लगा हूँ मैं,
रात की चाँदनी भी अब तंग नही करती मुझको,
जानती है नींद आती नही आजकल बिना बात किये उसको,
उस अजनबी से मेरी मुलाकात हुई है,
न जाने कितने मुश्किल के बाद उससे बात हुई है।

4. रिश्ते

उसे डर है कि मोहहबत ना हो जाये मुझे,
कहना जो चाहती थी वो बात समझ आ गयी मुझे,
उसे दोस्ती पर नाज है इसलिए बात करती है,
इश्क़ में आकर कुछ खराब न हो इसलिए थोड़ा डरती है,
जब से उस अजनबी से मेरी मुलाकात हुई है,
न जाने कितने मुश्किल के बाद उससे बात हुई है।

मैं भी रिश्तों को खराब नही करना चाहता हूँ,
इसलिए उसके कहने से पहले उसकी बात समझ जाता हूँ,
हालांकि उसका कहना भी सही है जो दूर की सोचते है,
मैं तो आज में जीता हूँ कल की कहा सोचता हूँ,
जब से उस अजनबी से मेरी मुलाकात हुई है,
न जाने कितने मुश्किल के बाद उससे बात हुई है।

उसे मेरी हक़ीक़त की चाहत का क्या ख़बर ,
मैं चुप रह जाऊंगा पर कुछ खराब होने नही दूंगा,
ये जो हर दिन लिखता हूँ उसके बारे में जो वो पूछती है,
सच तो ये है इस काम में ही मेरी चाहता बसी है,
जब से उस अजनबी से मेरी मुलाकात हुई है,
न जाने कितने मुश्किल के बाद उससे बात हुई है।

5. काम

एक आधा दिन निकाल दिया उसके इंतजार में,
कुछ कह भी नही सकता वो परेशान है अपने काम में,
पता नही भगवान और कितने दुख देंगे सबको,
वो आजकल जी रही जैसे, क्या हाल बताएगी मुझको,
उस अजनबी से जब से मुलाकात हुई है,
न जाने कितने मुश्किलों के बाद उससे बात हुई है।

शाम हुई उसने मुझे याद किया ,
Msg में मेरे फ़ोन number गलत होने का बात कहा,
ये वक़्त भी बुरा चल रहा और मेरा हाल भी,
पता नही अब और क्या गलत चल रहे मेरे हालात भी,
उस अजनबी से जब से मुलाकात हुई है,
न जाने कितने मुश्किलों के बाद उससे बात हुई है।

अतुल प्रभाकर

उसकी आवाज सुन कर ऐसा लगा की परेशान है वो,
मैं भी क्या कहता उस वक़्त पर भी उसे याद है, मैं हूँ वो,
कुछ इधर उधर की बातों में समय निकल गया,
और उसे अस्पताल में मरीजों को देखने का काम आ गया,
उस अजनबी से जब से मुलाकात हुई है,
न जाने कितने मुश्किलों के बाद उससे बात हुई है।

6. मोह्हबत

उस शख्स के साथ था मेरा हँसना भी मुस्कुराना भी,
बात बात पे उससे नज़रे चुराना भी,
वो कहती है कि कहीं मोह्हबत ना हो मुझसे,
इस बात पर मेरा बात घुमाना भी,
उस अजनबी से जब से मुलाकात हुई है,
न जाने कितने मुश्किलों के बाद उससे बात हुई है।

जब भी वो जागती है शायद हमारी बात होती हैं,
लम्हे कम पड़ जाते है पर वो पल निकाल लेती है,
जुड़ तो गए है हम हर सारे social apps पे,
और बातें अलग ही चल रही है हर जगह पर,
उस अजनबी से जब से मुलाकात हुई है,
न जाने कितने मुश्किलों के बाद उससे बात हुई है।

अतुल प्रभाकर

कल रात से परेशानी का माहौल बढ़ गया है उसके पास,
वो परेशान है, कि ये लोगो को क्या हो गया है इस दौरान,
जिस अस्पताल में वो काम करती है ,
वहाँ एक शख्स बहुत गंभीर हो गया है आज,
उस अजनबी से जब से मुलाकात हुई है,
न जाने कितने मुश्किलों के बाद उससे बात हुई है।

7. वक़्त

ये जो वक़्त गुजरता नहीं जब तुमसे बात नही होती,
ये वक़्त ठहरता नही जब तू साथ होती,
लम्हों का क्या है वो तो गुजर ही जाते है,
पर हर वक़्त याद तो तेरी ही आती है,
उस अजनबी से जब से मुलाकात हुई है,
न जाने कितने मुश्किलों के बाद उससे बात हुई है।

ये रात कब ढल जाती है और दिन कब हो जाता है,
चांद कब ढलता और सूरज कब आ जाता है,
तुम्हे देखने के अलावा दिन में और कोई काम नही होता,
ये मौसम भी कमाल है धूप में भी बारिश हो जाता,
उस अजनबी से जब से मुलाकात हुई है,
न जाने कितने मुश्किलों के बाद उससे बात हुई है।

अतुल प्रभाकर

ये रातें तो इंतजार में कट जाती है मेरी,
उठते ही तुमसे बात करने में लग जाता हूँ,
आज लिख रहा ये दिन जो कल बीत गया है,
तुमसे बात करके ही आजकल मैं जी रहा हूँ,
उस अजनबी से जब से मुलाकात हुई है,
न जाने कितने मुश्किलों के बाद उससे बात हुई है।

8. एक दिन

इंतजार में आज फिर एक सुबह हो गयी,
रात भर बैठा रहा और सुबह की शुरआत हो गयी,
दिल मेरा भी जानता था तुम तो आओगें,
बस यही सोचते सोचते सुबह तुमसे बात हो गयी,
उस अजनबी से जब से मुलाकात हुई है,
न जाने कितने मुश्किलों के बाद उससे बात हुई है।

वो पूरे 24 घण्टों में दो बार सोती हैं,
और मुझे आजकल नींद नही आती,
लगता है वो मेरे हिस्से की नींद ख़ुद पूरी करती हैं,
और मैं भी इंतजार में हिसाब पूरा करता हूँ,
उस अजनबी से जब से मुलाकात हुई है,
न जाने कितने मुश्किलों के बाद उससे बात हुई है।

अतुल प्रभाकर

हर शाम वो उसी समय जागती है ,
जानती है वो भी की मैं समझता हूँ उसे,
एक तस्वीर देने के बाद,वो थोड़ा हँसती है,
मैं भी उस तस्वीर को थोड़ा ठहर कर देखता हूँ,
उस अजनबी से जब से मुलाकात हुई है,
न जाने कितने मुश्किलों के बाद उससे बात हुई है।

9. यादें

ये तो बाद की बात है,
सच तो ये है कि, अभी तो ये बस शुरुआत है,
उसकी याद में मेरी हर बात है ,
क्या दिन है और क्या रात है,
उससे हो रही हर तरह की बात है,
उस अजनबी से जब से मुलाकात हुई है,
न जाने कितने मुश्किलों के बाद उससे बात हुई है।

सोच कर करती नहीं कोई काम है,
दिल मे उसके न कोई सवाल है,
पूछती नही कुछ भी मुझसे,
न जाने कैसा ये उसका हाल है,
उस अजनबी से जब से मुलाकात हुई है,
न जाने कितने मुश्किलों के बाद उससे बात हुई है।

अतुल प्रभाकर

उसकी पसंद कुछ खास नही है,
खाने पीने में भी वो बहुत आम है,
उसकी पसंद न पसंद का ख्याल है,
पर इस बात से वो अनजान है,
उस अजनबी से जब से मुलाकात हुई है,
न जाने कितने मुश्किलों के बाद उससे बात हुई है।

10. सवाल

एक शाम मेरी बात हुई है उससे,
ना जाने कैसे कैसे सवाल किए है उससे,
गुस्सा उसे तो आया नहीं मुझपे,
पर क्या मैं सही कर रहा हूँ,
ये पूछता हूँ ख़ुद से,
उस अजनबी से जब से मुलाकात हुई है,
न जाने कितने मुश्किलों के बाद उससे बात हुई है।

उसकी आंखों में एक चमक होती है,
और मुझे वो देखनी होती है,
पूछूँ कैसे की मुझे एक तस्वीर चाहिए,
कहिन वो गुस्सा न हो जाये इस पल में,
उस अजनबी से जब से मुलाकात हुई है,
न जाने कितने मुश्किलों के बाद उससे बात हुई है।

अतुल प्रभाकर

मैं डर कर वो शाम चुप बैठ गया,
कुछ हँसने की post भेज कर सहम गया,
नई-नई दोस्ती है ये भूल गया था,
अब उसे खो नही सकता ये सोच लिया था,
उस अजनबी से जब से मुलाकात हुई है,
न जाने कितने मुश्किलों के बाद उससे बात हुई है।

11. तस्वीर

सुबह उठकर उससे बात करता था,
पर आज शुरुआत उसने कर दी,
अपनी तस्वीर भेज कर हमेशा की तरह,
मुझे मेरी नींद पूरी करने को कह गयी,
उस अजनबी से जब से मुलाकात हुई है,
न जाने कितने मुश्किलों के बाद उससे बात हुई है।

कल का दिन बहुत खास है,
उस शख्स का जन्मदिन और मेरी भी कुछ बात हैं,
माँगा नही है कुछ खास तौफा उसने अपने जन्मदिन पर,
पर कुछ खास बात कहनी है, कि ये बात है,
उस अजनबी से जब से मुलाकात हुई है,
न जाने कितने मुश्किलों के बाद उससे बात हुई है।

अतुल प्रभाकर

इस दिन का इंतजार मुझे पता नही कब से था,
12 बजने में 2 घण्टे है उस बीच 10 बार घड़ी देख चुका था,
उस से ज्यादा उसके जन्मदिन पर मैं खुश था,
पता नही मैं क्या महसूस कर रहा इसपर एक सवाल था,
जब से उस अजनबी से मुलाकात हुई है,
न जाने कितने मुश्किलों के बाद उससे बात हुई है।

12. सलामती

वक़्त आ गया तुम्हारा खास,
तुम खुश रहो ये दिल से निकली है मेरी बात,
तुम्हे ख़ुद कह नही पाया इसलिए लिखा हूँ आज,
दिल तो बहुत कर रहा था कि कह दूँ आज,
उस अजनबी से जब से मुलाकात हुई है,
न जाने कितने मुश्किलों के बाद उससे बात हुई है।

दिल कर रहा था call करके तुम्हे wish करूँ,
पर घर वालों के सामने बात क्या करूँ,
तुम खुश रहो इस से ज्यादा क्या चाहूँगा,
बस ये हाल जो चल रहा है उस पल में क्या समझाऊँगा,
उस अजनबी से जब से मुलाकात हुई है,
न जाने कितने मुश्किलों के बाद उससे बात हुई है।

अतुल प्रभाकर

उस पल को मैंने सिरहाने रखा,
लफ़्ज़ों को अपने किनारे रखा,
कुछ बाते उस खुदा से कहीं उसके लिए,
कुछ बात हो ना हों पर उसको हमेशा सही सलामत रखा,
उस अजनबी से जब से मुलाकात हुई है,
न जाने कितने मुश्किलों के बाद उससे बात हुई है।

13. जन्मदिन

आज सुबह उसने call करा है,
घर पर है इसलिए जन्मदिन के बहाने बात किया है,
थोड़ी देर बाद ही उसकी माँ ने उसे बुला लिया है,
मुझे अलविदा कह कर उसने phone को आराम दिया है,
उस अजनबी से जब से मुलाकात हुई है,
न जाने कितने मुश्किलों के बाद उससे बात हुई है।

उसकी बातें ही आजकल करता हूँ मैं,
कहानी उसकी और मेरी है इसलिए लिखने लगा हूँ मैं,
क्या पता वो मुझसे कब रुठ जाए,
इसलिए ही कुछ गिनी चुनी बाते करता हूँ मैं,
उस अजनबी से जब से मुलाकात हुई है,
न जाने कितने मुश्किलों के बाद उससे बात हुई है।

अतुल प्रभाकर

दिन बीता है उसका अच्छा ये सुबह उसने कहा,
कुछ तो अलग हुआ है ये भी उसने कहा,
ये सुनकर मैं भी आज बहुत खुश था ,
पहली बार आँखें खुलते ही उसकी आवाज सुनी है,
उस अजनबी से जब से मुलाकात हुई है,
न जाने कितने मुश्किलों के बाद उससे बात हुई है।

14. ख्याल

दिन ढल गया पर उस शख्स से बात नही हुई,
जब वो सो कर उठी तो याद कर बैठी,
कभी पूछती नहीं वो मेरा हाल पर याद कर लेती,
चलो मैंने भी दिन कितने निकाले है एक और सही,
उस अजनबी से जब से मुलाकात हुई है,
न जाने कितने मुश्किलों के बाद उससे बात हुई है।

लगता है कुछ बाते छोड़ देनी चाहिए,
वक़्त पे वो तुमसे ना पूछे तो चुप रहना चाहिए,
हालात बिगड़ जाए तो बिगड़ जाने चाहिए,
ख्याल नही मेरा तो उसका ख्याल मुझे भी नही चाहिए,
उस अजनबी से जब से मुलाकात हुई है,
न जाने कितने मुश्किलों के बाद उससे बात हुई है।

अतुल प्रभाकर

किसी अजनबी को अजनबी रहने दो,
उस शख्स को अगर नही दिखता तो उसे खुश रहने दो,
क्या खबर लेना हर बात पर उसकी,
उसकी जिंदगी है उसे भी जीने लेने दो,
उस अजनबी से जब से मुलाकात हुई है,
न जाने कितने मुश्किलों के बाद उससे बात हुई है।

15. अकेले

आजकल कुछ वक़्त अकेले ठहर कर देखता हूँ,
जिसके करीब आ रहा था उसे संभल कर देखता हूँ,
उसे याद नहीं आती की मुझसे बात भी करनी है,
इसलिए मैं थोड़ा खुद अकेले करके देखता हूँ,
उस अजनबी से जब से मुलाकात हुई है,
न जाने कितने मुश्किलों के बाद उससे बात हुई है।

दिन तो पहले भी ढल जाते थे आज फिर सही,
फर्क इतना है कि बात करने को वो अब साथ नहीं,
कहने को तो बात हो जाएगी अगर मैंने पूछ लिया तो,
पर क्या वो बात मेरे दिल तक आ पाएगी,
उस अजनबी से जब से मुलाकात हुई है,
न जाने कितने मुश्किलों के बाद उससे बात हुई है।

अतुल प्रभाकर

एक सब्र की सीमा होती है जो बनी है अभी,
देर कर दोगे अलग तो कहिन टूट न जाये सभी,
लौट कर आना सिर्फ तुम्हे नही मुझे भी पड़ेगा,
वो जज्बात थे उन्हें फिर से बुलाना पड़ेगा,
उस अजनबी से जब से मुलाकात हुई है,
न जाने कितने मुश्किलों के बाद उससे बात हुई है।

16. अस्पताल

बेवजह ही परेशान होता हूँ अपने आप से मैं,
वो शख्स भी मसरूफ़ था अपने काम से,
हालात बिगड़ गए है उसके वहाँ उस अस्पताल में,
बहुत लोग एक साथ उस virus के शिकार हुए है,
उस अजनबी से जब से मुलाकात हुई है,
न जाने कितने मुश्किलों के बाद उससे बात हुई है।

थोड़ा सहम मैं भी गया था उसकी बातें सुनकर,
पता नही अब आगे क्या होगा ये जानकर,
कुछ दिन बाद उसे पता चलेगा क्या हालत है,
मैं भी चुप बैठा देख रहा हूँ और क्या होगा इस साल में,
उस अजनबी से जब से मुलाकात हुई है,
न जाने कितने मुश्किलों के बाद उससे बात हुई है।

अतुल प्रभाकर

उसने अपनी हर बात तो मुझको बताई है,
बात ज्यादा नही होती पर अनदेखा नही करके जाती है,
मैं भी उसे अपने बारे में नही बताता,
उसे खबर ना हो उसकी इसलिए चुप रह जाता,
उस अजनबी से जब से मुलाकात हुई है,
न जाने कितने मुश्किलों के बाद उससे बात हुई है।

17. आधा महीना

एक नए महीने की शुरुआत है आज,
मेरी और उसकी कहानी की बात होगी आज,
कहा तो नही कुछ भी अपनी दिल की बात,
पर सोच रहा शाम में बात करूँगा आज,
उस अजनबी से जब से मुलाकात हुई है,
न जाने कितने मुश्किलों के बाद उससे बात हुई है।

आधा महीना निकल गया बस कुछ ही बात हुई है,
वो भी समझ रही है पर दिल की बात कर नहीं रही है,
मैं भी इंतजार में इतने दिन निकाल दिया,
वहाँ किसी और ने तो उसके दिल घर नही बना लिया,
उस अजनबी से जब से मुलाकात हुई है,
न जाने कितने मुश्किलों के बाद उससे बात हुई है।

कहने जाने वाला ही था पर अचानक मैं बेहोश हो गया,
तकलीफ मेरी बढ़ गयी पर उससे कुछ न कहा,
वो काम करती है अस्पताल में, मैं कहिन और भर्ती हो गया,
दिल तो कर रहा कि उस से बात कर लूं पर कर न सका,
उस अजनबी से जब से मुलाकात हुई है,
न जाने कितने मुश्किलों के बाद उससे बात हुई है।

18. तकलीफ

हर रिश्ते की दिन होती है इस रिश्ते के भी ऐसी है,
तस्वीर देखे बिना दिन नही गया अब बात नही होती है,
उसे तकलीफ देकर ख़ुद खुश नही रह सकता ,
ज़िंदा हूँ अभी और कुछ भी उसे कह नही सकता,
उस अजनबी से जब से मुलाकात हुई है,
न जाने कितने मुश्किलों के बाद उससे बात हुई है।

दिन में तुझसे बात हो जाए इससे ज्यादा कुछ चाह नही,
तेरी थोड़ी परेशानी कम कर सकूँ,शायद ऐसी बात नही,
दिल तेरा भी नही लगता उस जगह जहाँ हालात बिगड़े है,
मैं बैठा हूँ अकेले ही पता नही अब और क्या बात होगी,
उस अजनबी से जब से मुलाकात हुई है,
न जाने कितने मुश्किलों के बाद उससे बात हुई है।

अतुल प्रभाकर

नही बताया तुझे हालात तुम गुस्सा मत करना,
तेरी तकलीफ बहुत है तुझे और नही दे सकता,
मेरा क्या है झेलने की आदत हो गयी है ,
पर तू खुश रहे ये मेरे दिल से बात हो गयी है,
उस अजनबी से जब से मुलाकात हुई है,
न जाने कितने मुश्किलों के बाद उससे बात हुई है।

19. शहर

इतनी तकलीफ में भी मुझसे बात कर लेती है,
पता नही अब और ये सब कैसे कर लेती है,
कल तो उसने खाना भी बनाया था खुद से,
और साथ ही शहर बदलने की बात कह दी मुझसे,
उस अजनबी से जब से मुलाकात हुई है,
न जाने कितने मुश्किलों के बाद उससे बात हुई है।

इस चार दिवारी में बंद हुए 4 दिन हो गए मुझे,
उसे मालूम नहीं मेरी हालत भी बिगड़ी है कुछ ऐसे,
ये वक़्त मैं उसकी बातों के साथ बीता रहा हूँ,
याद रखना जिंदा रहा तो तुझसे मिलने आने वाला हूँ,
उस अजनबी से जब से मुलाकात हुई है,
न जाने कितने मुश्किलों के बाद उससे बात हुई है।

कुछ दिन में वो ये शहर छोड़ देगी,
मैं भी कुछ कर नही पा रहा न कहिन जा पा रहा,
उसे उसके शहर छोड़ भी नही सकता,
उससे मिलने का ख्वाब लगता है, ख़्वाब ही रह सकता,
उस अजनबी से जब से मुलाकात हुई है,
न जाने कितने मुश्किलों के बाद उससे बात हुई है।

20. फैसला

इश्क़ उसने भी दोबारा किया है,
मैंने हर बात पे उसका साथ दिया है,
मोहहबत मुझे भी थी और खयाल उसे भी,
मिल कर हमने ये फैसला लिया है,
उस अजनबी से जब से मुलाकात हुई है,
न जाने कितने मुश्किलों के बाद उससे बात हुई है।

दिल मे मेरे एक डर और एक उसका ख्याल,
दोनों साथ में और मेरे जीने पर कुछ सवाल,
आँख बंद करके भी खोलता हूँ तो डर जाता हूँ,
तुम्हे कहने से पहले अंदर से जिंदा मर जाता हूँ,
उस अजनबी से जब से मुलाकात हुई है,
न जाने कितने मुश्किलों के बाद उससे बात हुई है।

अतुल प्रभाकर

इश्क़ में समझ उसने और मैंने दोनों ने खोया है,
पता नही ये corona virus में और क्या खोया है,
लम्हे तेरे साथ बिताने का सोचा था,
अब इस तकलीफ में कुछ ज्यादा दिन जीने का सोचा था,
उस अजनबी से जब से मुलाकात हुई है,
न जाने कितने मुश्किलों के बाद उससे बात हुई है।

21. अलविदा

ये शायद अब एक राज़ रहेगा,
वो दोबारा मुझे ढूँढे ये एक ख़्वाब रहेगा,
लौट कर अब लगता नही आ पाऊंगा मैं,
मेरा कुछ जवाब अब मेरे पास रहेगा,
उस अजनबी से जब से मुलाकात हुई है,
न जाने कितने मुश्किलों के बाद उससे बात हुई है।

उसे अलविदा भी नही कह सका,
अपनी दिल की बात कैसे कहता,
ख़ुद को ऐसी हालत में उसे देखकर,
उसे इस बीमारी के साथ वो बात कैसे कहता,
उस अजनबी से जब से मुलाकात हुई है,
न जाने कितने मुश्किलों के बाद उससे बात हुई है।

ये जो माहौल पूरे देश में है,
आज उसका शिकार मैं भी हूँ,
किसी से मोहब्बत करने चला था,
अब उससे दूर कहिन बन्द मैं भी हूँ,
उस अजनबी से जब से मुलाकात हुई है,
न जाने कितने मुश्किलों के बाद उससे बात हुई है।

लगता नही की बच पाऊँगा अब इसबार,
अच्छा हुआ उसे पता नही चला मेरी मोह्हबत की बात,
अब इस मोह्हबत को कोई बयां नही करेगा,
मैं भी जी लिया बहुत ये लिख कर अब मैं चुप हो रहा,
उस अजनबी से जब से मुलाकात हुई है,
न जाने कितने मुश्किलों के बाद उससे बात हुई है।

www.ingramcontent.com/pod-product-compliance
Lightning Source LLC
LaVergne TN
LVHW041550060526
838200LV00037B/1225